I0075998

CHAMBRE DES AVOUÉS

DE PREMIÈRE INSTANCE DE LA SEINE

VENTES JUDICIAIRES

DE

BIENS IMMEUBLES

Loi du 22 juin 1841

MAI 1894

PARIS

TYPOGRAPHIE ET LITHOGRAPHIE A. MAULDE ET Cie

144, RUE DE RIVOLI, 144

CHAMBRE DES AVOUÉS

DE PREMIÈRE INSTANCE DE LA SEINE

VENTES JUDICIAIRES

DE

BIENS IMMEUBLES

Loi du 22 juin 1841

MAI 1894

PARIS

TYPOGRAPHIE ET LITHOGRAPHIE A. MAULDE ET Cⁱᵉ

144, RUE DE RIVOLI, 144

CAHIER DE CHARGES

EN MATIÈRE DE SAISIE IMMOBILIÈRE

CAHIER DES CHARGES, CLAUSES ET CONDITIONS.

Auxquelles seront adjugés, à l'audience des saisies immobilières du Tribunal civil de première instance du département de la Seine, séant au Palais de Justice, à Paris, sur saisie immobilière, au plus offrant et dernier enchérisseur :

(Indiquer ici le nombre des lots, s'il y en a plusieurs.)

1° Une maison, etc.

(Indiquer les biens et leur situation.)

A la requête, poursuite et diligence..... *(Prénoms, nom, profession, demeure et qualités)*;

Ayant pour avoué Mᵉ ..... *(Nom et prénoms)*, demeurant à Paris, rue ..... ; lequel occupe pour lui sur la présente poursuite de saisie immobilière.

ÉNONCIATIONS PRÉLIMINAIRES.

En vertu d'un jugement, etc., ou d'une obligation passée devant Mᵉ ...., notaire à...., etc. *(Énoncer le titre en vertu duquel la vente se poursuit)*, M.... a, suivant exploit de ...., huissier à...., en date du..., fait faire commandement à M.... *(Prénoms, nom, profession et demeure de la partie saisie)* de payer audit sieur.... la somme de...., avec déclaration que, faute de payement, il serait procédé à la saisie des immeubles dudit sieur.... *(Les énoncer tels qu'ils l'ont été dans le commandement)*.

2.

Ce commandement, en tête duquel il a été donné copie entière du jugement (ou de l'obligation notariée) susénoncé, a été visé ledit jour.... par M. le Maire de.... et porte cette mention : « Enregistré à Paris, le...., f°...., case...., reçu...., signé..... ».

Suivant un procès-verbal dressé par ...., huissier à...., le...., il a été, à la requête du sieur ...., procédé sur ledit sieur...., à la saisie immobilière de....; ledit procès-verbal contenant toutes les énonciations prescrites par l'article 675 du Code de procédure civile, et visé avant l'enregistrement par M. le Maire de...., porte cette mention : « Euregistré à Paris...., le...., f°...., case...., reçu...., signé.... ».

Ce procès-verbal de saisie immobilière a été dénoncé audit sieur...., suivant exploit de...., huissier à...., en date du...., dont l'original a été visé dans le jour par M. le Maire de...., et porte cette mention : « Enregistré à Paris...., le..., f°...., case...., reçu...., signé.... ».

Le procès-verbal de saisie immobilière et l'exploit de dénonciation susénoncés ont été transcrits au bureau des hypothèques de...,., le...., vol...., n°....

DÉSIGNATION DES BIENS A VENDRE.

(Aux termes de l'article 690, n° 2, du Code de procédure civile, le cahier des charges doit contenir la désignation des immeubles telle qu'elle a été insérée dans le procès-verbal de la saisie, y compris l'extrait de la matrice cadastrale.

Lorsque la propriété saisie comprend des immeubles par destination, il faut avoir soin de faire énoncer par l'huissier, dans le procès-verbal de saisie, qu'il met sous la main de justice l'immeuble avec toutes ses circonstances et dépendances, s'il n'a pu les désigner autrement.)

PROPRIÉTÉ.

(Il est souvent impossible, en matière de saisie immobilière, d'établir la propriété des immeubles saisis ; aussi l'article 690 de la loi du 2 juin 1841 n'exige pas un établissement de propriété dans le cahier des charges : néanmoins, lorsque le saisissant aura, soit dans son titre même, soit dans des actes connus de lui, des renseignements certains

sur la propriété, il sera bon de faire connaître comment la partie saisie et ses auteurs ont acquis la propriété et en ont payé le prix.

Dans ce cas, et autant que possible, s'il y a plusieurs articles et que les biens ne soient pas de même origine, diviser la propriété en propriété particulière à chaque article.

Et énoncer avec soin :

1° Les transcriptions;

2° Les certificats du conservateur des hypothèques, par suite de l'accomplissement des formalités de purge légale (analyser les formalités de la dernière purge légale seulement);

3° Les quittances ou autres actes constatant la libération des différents propriétaires.

Faire remonter l'établissement de la propriété, autant qu'on le pourra, à trente ans au moins.

Ajouter (sauf le cas où la saisie est poursuivie par le précédent vendeur) que les renseignements sur la propriété sont donnés sans aucune garantie, et sans que le poursuivant puisse être en aucune façon inquiété ni recherché à cet égard.)

CONDITIONS DE LA VENTE

ARTICLE PREMIER.

TRANSMISSION DE PROPRIÉTÉ.

L'adjudicataire sera propriétaire par le fait seul de l'adjudication ; il prendra les biens dans l'état où ils seront au jour de cette adjudication, sans pouvoir prétendre à aucune diminution du prix ni à aucune garantie et indemnité contre le poursuivant, la partie saisie ou ses créanciers, pour surenchères, dégradations, réparations, curage de puits, puisards, ou de fosses d'aisances, erreurs dans la désignation, la consistance ou la contenance, ni à raison des droits de mitoyenneté ou de surcharge des murs séparant lesdits biens des propriétés voisines, alors même que ces droits seraient encore dus.

(S'il s'agit de la vente d'un immeuble clos de murs ou autrement, et que la contenance en soit indiquée, on ajoutera : et sans aucune garantie de mesure, lors même que la différence excéderait un vingtième.

S'il s'agit de terrains non clos, ou de biens ruraux, il sera dit que les parties resteront dans les termes de l'article 1619 du Code Civil.

S'il y a des objets réclamés par des tiers ou par des locataires et fermiers, les indiquer.

Faire connaître les actes qui repoussent ou qui appuient ces réclamations).

ARTICLE II.

SERVITUDES.

L'adjudicataire, soit qu'il y ait ou non déclaration, jouira des servitudes actives et souffrira les servitudes passives, occultes ou apparentes, ainsi que l'effet des clauses *dites domaniales,* sauf à faire valoir les unes et à se défendre des autres à ses risques, péril et fortune, sans aucun recours contre le poursuivant, la partie saisie ou ses créanciers, et sans que la présente clause puisse attribuer, soit aux adjudicataires, soit aux tiers, d'autres et plus amples droits que ceux résultant des titres ou de la loi.

(S'il y a des servitudes connues ou des clauses dites domaniales dans les titres qui se trouvent aux mains de l'avoué poursuivant, les indiquer avec détail et énoncer les titres sur lesquels elles sont fondées.)

ARTICLE III.

ENTRÉE EN JOUISSANCE.

L'adjudicataire, bien que propriétaire par le fait seul de l'adjudication, n'entrera néanmoins en jouissance, pour la perception des loyers, qu'à partir du premier jour du terme qui suivra cette adjudication, et, en cas de surenchère, à partir du jour du terme qui suivra l'adjudication définitive.

(S'il s'agit d'une ferme ou de biens ruraux affermés, la clause sera rédigée ainsi qu'il suit :)

Il entrera en jouissance des fermages par la perception de ceux représentatifs de la récolte de......, dont le premier terme sera exigible le......, et, en cas de surenchère, par la perception des fermages représentatifs de la récolte postérieure à l'adjudication définitive.

(S'il s'agit de bois, et que la vente se fasse avant l'exploitation) :

Il n'entrera en jouissance pour l'exploitation que par celle de la coupe ordinaire de 18..., laquelle aura lieu dans l'hiver de 18... à 18..., et, en cas de surenchère, par celle de la coupe ordinaire de l'hiver qui suivra l'adjudication définitive.

(S'il s'agit d'une ferme ou de biens ruraux non affermés, et que la vente se fasse avant la récolte) :

L'adjudicataire entrera en jouissance à compter du jour de l'adjudication définitive, mais il remboursera à qui de droit, indépendamment de son prix, et lors du payement de ce prix, les frais de labours, semences et culture, qui sont fixés à la somme de......

(Il est, au surplus, impossible de prévoir tout ce qui est à stipuler sur l'entrée en jouissance, puisque la nature des biens, la saison dans laquelle se fait la vente, les usages locaux et une foule de circonstances peuvent modifier ces stipulations.

On doit donc recommander cette clause aux soins des rédacteurs, afin qu'ils évitent l'obscurité et l'ambiguïté.)

ARTICLE IV.

CONTRIBUTIONS, INTÉRÊTS.

L'adjudicataire supportera les contributions et charges de toute nature dont les biens sont ou seront grevés, à compter du jour fixé pour son entrée en jouissance des revenus.

(Si ce sont des biens ruraux, il faudra dire : à compter du 1ᵉʳ janvier de l'année dont la récolte lui appartiendra.)

Les intérêts du prix courront à raison de 5 °/₀ par année, sans aucune retenue, à compter de la même époque jusqu'au paiement intégral dudit prix.

(Lorsqu'il s'agira de la saisie d'une nue propriété, il faudra charger l'adjudicataire des intérêts à partir du jour de l'adjudication.)

3.

ARTICLE V.

BAUX ET LOCATIONS.

L'adjudicataire sera tenu d'exécuter les locations verbales pour le temps qui en restera à courir au moment de l'adjudication, d'après l'usage des lieux.

Il sera tenu également d'exécuter, pour le temps qui en restera à courir, les baux faits par la partie saisie; toutefois, ceux desdits baux qui n'auront pas acquis date certaine avant le commandement ou qui seraient entachés de fraude pourront être annulés, si les créanciers ou l'adjudicataire le demandent.

L'adjudicataire tiendra compte, en sus et sans diminution de son prix, aux différents locataires, des loyers qu'ils justifieront avoir payés d'avance et qui auront été déclarés soit dans le présent cahier des charges, soit dans un dire avant la publication. A défaut de déclaration, l'adjudicataire tiendra compte aux locataires des loyers qu'ils justifieront avoir régulièrement payés d'avance, et il en retiendra le montant sur le prix principal de son adjudication.

Ces clauses ne s'appliquent pas aux loyers qui seraient payables chaque terme par anticipation. La déclaration qui en serait faite, soit au cahier des charges, soit dans un dire, n'enlèvera pas à l'adjudicataire le droit de les toucher dès leur exigibilité ;

Toutefois, si les vendeurs venaient à encaisser tout ou partie, l'adjudicataire retiendrait somme égale sur le montant de son prix.

(Si le poursuivant connaît les baux et locations, énoncer, autant que possible, leur date, leur durée, le prix et les principales conditions, la relation complète de l'enregistrement desdits baux, dire pour combien de temps ils sont enregistrés. Si l'on énonce des locations non écrites, indiquer les noms des locataires, le prix, la date et le lieu du paiement des droits d'enregistrement.

Si le poursuivant connaît quels sont les loyers payés d'avance, énoncer avec soin les noms des locataires et la quotité des loyers d'avance. Dans le cas où ces loyers ne pourraient être déclarés lors de la rédaction du cahier des charges, ils devront l'être par un dire avant la publication.)

ARTICLE VI.

L'adjudicataire devra entretenir, à partir du jour de son entrée en jouissance et pour tout le temps qui en resterait à courir, toute police d'assurance contre l'incendie qui aurait pu être contractée. Il payera, s'il y a lieu, à partir de la susdite entrée en jouissance, les primes et droits, de manière que les vendeurs ne puissent être aucunement poursuivis, inquiétés ni recherchés.

(Si le poursuivant a pu se procurer les renseignements qui prouvent l'existence d'une au plusieurs assurances sur un ou plusieurs des immeubles mis en vente, on ajoutera à la suite de la clause qui précède) :

Le poursuivant déclare, à titre de renseignements et sans que sa déclaration puisse aucunement modifier la stipulation qui précède en ce qui touche les assurances restées inconnues, que l'immeuble sis à.... est assuré contre l'incendie à la Compagnie connue sous la dénomination de..... dont le siège est à..... pour.... années à partir du..... moyennant une prime annuelle de..... le tout aux termes d'une police en date du..... dûment timbrée et enregistrée à..... *(mention complète).*

ARTICLE VII.

L'adjudicataire sera tenu d'acquitter, en sus de son prix, tous les droits d'enregistrement, de greffe et autres auxquels l'adjudication donnera lieu. Les droits qui pourront être dus ou perçus à l'occasion des locations ne seront à la charge de l'adjudicataire que pour le temps postérieur à son entrée en jouissance, sauf son recours, s'il y a lieu, contre le locataire.

La portion des droits applicable au temps antérieur à son entrée en jouissance, dans le cas où ils auraient été avancés par l'adjudicataire, sera retenue par lui sur le prix principal de son adjudication.

ARTICLE VIII.

FRAIS DE POURSUITE.

L'adjudicataire payera, entre les mains et sur la quittance de l'avoué poursuivant, en sus de son prix et dans les dix jours de son adjudication, la somme à laquelle auront été taxés les frais faits pour parvenir à la vente et à l'adjudication des biens susdésignés, et dont le montant sera déclaré sur le cahier des charges avant l'adjudication.

La grosse du jugement d'adjudication ne pourra être délivrée par le greffier du tribunal qu'après la remise qui lui aura été faite de la quittance desdits frais, qui demeurera annexée à la minute du jugement d'adjudication.

L'adjudicataire payera également, dans le même délai, entre les mains et sur la quittance de l'avoué poursuivant, et en sus du prix de l'adjudication, le montant de la remise proportionnelle fixée par la loi.

ARTICLE IX.

LEVÉE ET SIGNIFICATION DU JUGEMENT D'ADJUDICATION.

L'adjudicataire sera tenu de lever le jugement et de le faire signifier dans le mois de l'adjudication, à ses frais.

Faute par lui de satisfaire à cette condition dans le délai prescrit, les vendeurs pourront se faire délivrer la grosse du jugement d'adjudication, à ses frais, par le greffier du tribunal, trois jours après une sommation, sans être obligés de remplir les formalités prescrites par la loi pour parvenir à la délivrance d'une deuxième grosse.

(Dans le cas où la vente comprendrait plusieurs lots de peu d'importance, on devra imposer aux adjudicataires la condition de lever une seule grosse. Les formalités seront accomplies par l'avoué de l'adjudicataire dont le prix ou les prix réunis atteindront la plus forte somme. Les frais de toute nature seront supportés entre tous les adjudicataires, au marc le franc de leurs prix respectifs.)

ARTICLE X.

TRANSCRIPTION.

Dans les trente-cinq jours de son adjudication, l'adjudicataire sera tenu, sous peine de folle enchère de faire transcrire, à ses frais, son jugement d'adjudication au bureau des hypothèques dans l'arrondissement duquel sont situés les biens vendus, et ce, afin d'assurer le privilège du vendeur par l'inscription d'office.

Dans les trois jours du dépôt de son jugement d'adjudication au bureau des hypothèques, l'adjudicataire sera tenu de notifier ce dépôt au poursuivant, par acte du Palais.

La poursuite de folle enchère, commencée dans les termes des stipulations qui précèdent, ne pourra être arrêtée que par la justification de la conservation du privilège du vendeur.

Dans tous les cas, les frais de la conservation de ce privilège seront à la charge de l'adjudicataire.

(En matière de saisie immobilière, la purge des hypothèques légales s'opère par la procédure même de saisie; il n'y a donc plus lieu à aucune purge de cette nature après l'adjudication.

A cet égard, on rappelle : 1° que la dénonciation du cahier des charges doit contenir cette déclaration : que, pour conserver les hypothèques légales sur l'immeuble exproprié, il sera nécessaire de les faire inscrire avant la transcription du jugement d'adjudication; 2° que les placards, ainsi que l'insertion légale, devront contenir cet avertissement : « que tous ceux du chef desquels il pourrait être requis des inscriptions d'hypothèque légale devront requérir cette inscription avant la transcription du jugement d'adjudication ».)

ARTICLE XI.

PAYEMENT DU PRIX.

Après l'expiration du délai de quatre mois, à partir de son adjudication, l'adjudicataire, qu'il ait ou non rempli toutes les formalités, sera tenu de payer son prix à Paris, en principal et intérêts, à la partie saisie ou aux créanciers inscrits, sans pouvoir faire ce payement par anticipation.

4.

Dans le cas où la partie saisie ou ses créanciers ne seraient pas en mesure de recevoir le prix, l'adjudicataire aura la faculté de le conserver, à la charge de consigner, tous les six mois, à partir de son entrée en jouissance, les intérêts échus de ce prix, et de justifier de cette consignation à toute réquisition du poursuivant, de la partie saisie ou de l'un des créanciers inscrits.

ARTICLE XII.
PROHIBITION DE DÉTÉRIORER L'IMMEUBLE VENDU.

Avant le payement intégral de son prix, l'adjudicataire ne pourra faire aucuns changements notables, aucune démolition (*coupes extraordinaires de bois*), ni commettre aucunes détériorations dans les biens, à peine d'être contraint immédiatement à la consignation de son prix, même par la voie de folle enchère.

Si les délais fixés par l'art. XI ci-dessus ne sont pas expirés, et que les vendeurs ne soient pas en état de recevoir le prix, l'adjudicataire devra les indemniser de la perte que cette consignation leur ferait éprouver, jusqu'à l'expiration desdits délais, soit pour le temps pendant lequel la Caisse des consignations ne paie pas d'intérêts, soit pour la différence existante entre l'intérêt à cinq pour cent et celui servi par la Caisse des consignations.

ARTICLE XIII.
TITRES DE PROPRIÉTÉ.

Le poursuivant n'ayant pas en sa possession les titres de propriété de l'immeuble saisi, l'adjudicataire n'en devra exiger aucuns; mais il est autorisé à se faire délivrer, à ses frais, par tous dépositaires, des expéditions ou extraits de tous actes concernant la propriété.

ARTICLE XIV.
RÉCEPTION DES ENCHÈRES.

Les enchères ne seront reçues, conformément aux articles 705 et 964 du Code de procédure civile, que par le ministère d'avoués exerçant près le Tribunal civil de première instance du département de la Seine.

ARTICLE XV.

DES COMMANDS ET DES COADJUDICATAIRES.

Dans le cas ou l'adjudicataire userait de la faculté de déclarer command, ceux qu'il se sera substitués, en totalité, seront obligés solidairement avec lui au payement de la totalité du prix et à l'accomplissement des charges de l'enchère. Si la déclaration de command n'est que partielle, le privilège, l'action résolutoire, la folle enchère et tous autres droits réels des vendeurs resteront indivisibles; mais le command ne sera tenu personnellement que jusqu'à concurrence du prix résultant de la déclaration partielle.

Les coadjudicataires seront obligés solidairement au payement du prix et à l'exécution des conditions de l'adjudication.

ARTICLE XVI.

FOLLE ENCHÈRE.

A défaut par l'adjudicataire d'exécuter aucune des clauses et conditions de l'adjudication, de payer tout ou partie de son prix, ou de faire la consignation prescrite par l'article XII ci-dessus, le poursuivant, la partie saisie ou ses créanciers inscrits pourront faire revendre les biens par folle enchère, dans les formes prescrites par les art. 733 et suivants du Code de procédure civile.

Si le prix de la nouvelle adjudication est inférieur à ce qui sera dû alors en principal et intérêts sur le prix de la première, le fol enchérisseur sera contraint au payement de la différence en principal et intérêts par toutes les voies de droit, conformément à l'art. 740 du Code de procédure civile.

L'adjudicataire sur folle enchère devra dans tous les cas payer, à l'avoué qui aura poursuivi la vente, la totalité des frais et remise qui ne lui auraient pas été soldés par le fol enchérisseur.

Dans le cas où le prix principal de la seconde adjudication serait supérieur à celui de la première, la différence appartiendra à la partie saisie et à ses créanciers.

Dans aucun cas le fol enchérisseur ne pourra répéter, soit contre le nouvel adjudicataire, soit contre les vendeurs, auxquels ils demeureront acquis à titre de dommages-intérêts, les frais de poursuite de vente, ni ceux d'enregistrement, de greffe et d'hypothèque qu'il aurait payés, et qui profiteront au nouvel adjudicataire, lequel n'aura, en conséquence, ni à les payer ni à en tenir compte à personne.

Le fol enchérisseur ne pourra également répéter contre les vendeurs ou leurs créanciers, auxquels ils demeureront acquis, les intérêts du prix dont la consignation aurait été effectuée en vertu de l'article XII qui précède.

L'adjudicataire sur folle enchère entrera en jouissance à partir du jour de l'adjudication faite à son profit si l'immeuble n'est pas loué, et pour la perception des loyers si l'immeuble est loué en tout ou en partie, à partir du premier jour du terme en cours au moment de ladite adjudication. Il devra les intérêts de son prix à partir du jour fixé pour son entrée en jouissance, le tout sauf le recours de la partie saisie ou de ses créanciers contre le fol enchérisseur, pour les intérêts courus antérieurement.

Il devra faire transcrire son jugement d'adjudication dans les termes de l'article X ci-dessus.

Aux effets ci-dessus, le poursuivant, la partie saisie et les créanciers inscrits auront le droit de se faire délivrer, dans les formes prescrites par l'article IX qui précède, et aux frais de l'adjudicataire fol enchéri, une grosse du jugement d'adjudication, sans préjudice de toutes les autres voies d'exécution.

ARTICLE XVII.

ATTRIBUTION DE JURIDICTION.

Le Tribunal civil de première instance du département de la Seine sera seul compétent pour connaître de toutes contestations relatives à l'exécution des conditions de l'adjudication et à ses suites, quels que soient la nature desdites contestations et le lieu du domicile des parties intéressées.

ARTICLE XVIII.

ÉLECTION DE DOMICILE.

L'adjudicataire sera tenu d'élire domicile à Paris pour l'exécution des charges et conditions de l'adjudication; sinon, et par le fait seul de l'adjudication, ce domicile sera élu de droit en l'étude de l'avoué qui se sera rendu adjudicataire.

Le poursuivant élit domicile en l'étude dudit M•. . . ., son avoué, demeurant à Paris, rue. . . . . .

Les domiciles élus conserveront leurs effets, quels que soient les changements qui pourraient survenir dans les qualités ou l'état des parties.

Dans le cas où l'une d'elles changerait de domicile élu, la nouvelle élection devra toujours être à Paris.

Les domiciles élus seront attributifs de juridiction, même pour le préliminaire de conciliation. Les actes d'exécution, ceux sur la folle enchère, les exploits d'offres réelles et d'appel, et tous autres, y seront valablement signifiés.

Les dispositions ci-dessus seront applicables aux héritiers, représentants, cessionnaires, et à tous autres ayants cause.

ARTICLE XIX ET DERNIER.

MISE A PRIX.

Outre les charges, clauses et conditions ci-dessus, les enchères seront reçues sur la somme de. . . . . formant la mise à prix fixée par le poursuivant, ci. . . . .

Fait et rédigé à Paris, le. . . . .

Par M•. . . . ., avoué poursuivant.

(Il sera fait deux dires séparés, l'un pour l'énonciation des formalités, l'autre pour la déclaration des frais.

Dans le dire qui précédera la publication, on devra faire la relation complète des différents actes faits et des formalités accomplies en exécution des articles 691, 692 et 693.

Dans celui qui précédera l'adjudication, on relatera les actes faits et les formalités accomplies en vertu des articles 696 et 699.)

5.

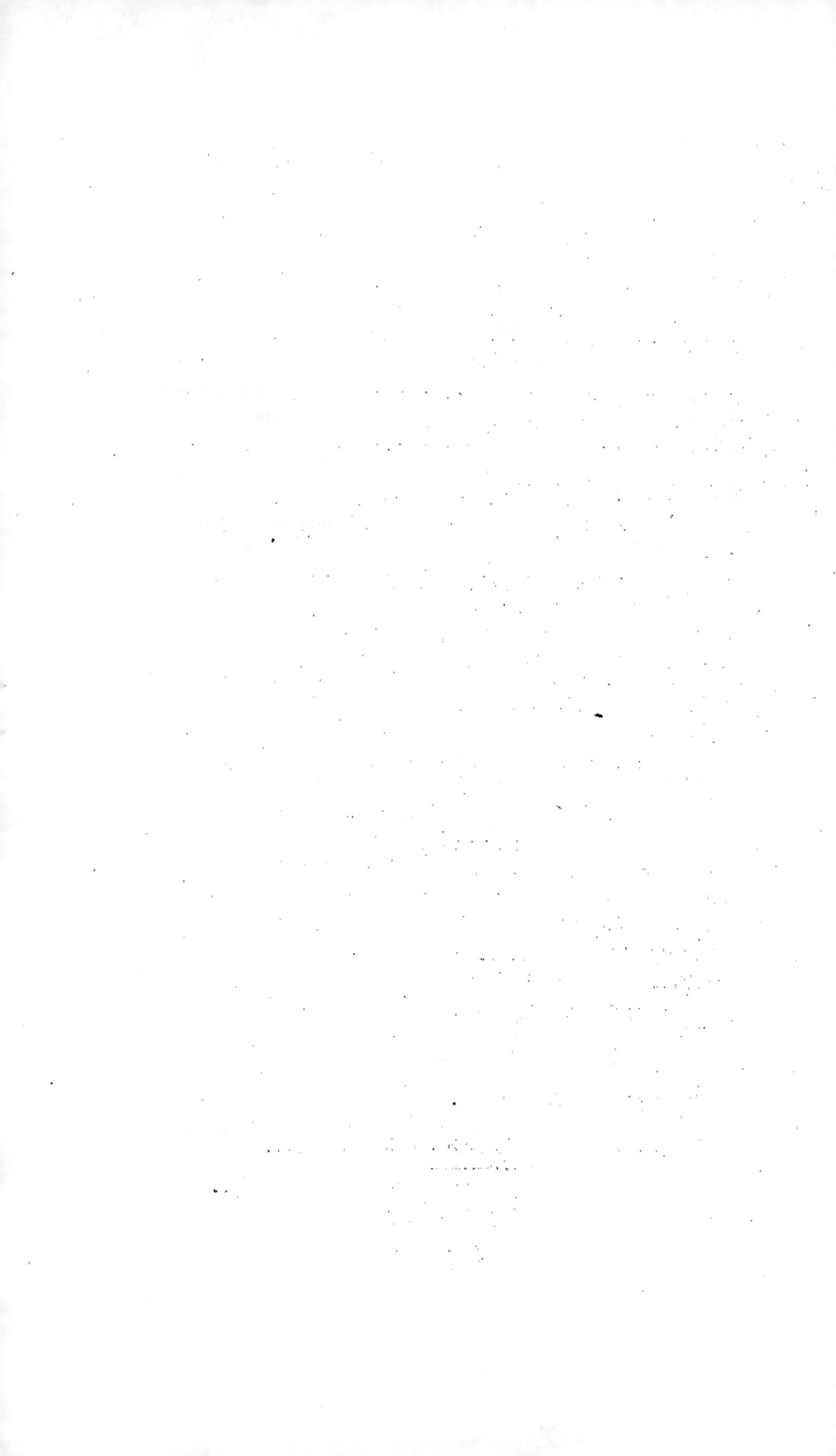

REQUÊTE ET DISPOSITIF

POUR FAIRE CONVERTIR EN VENTE AUX ENCHÈRES

Une poursuite de saisie immobilière.

———o▸◦◂o———

REQUÊTE.

A Messieurs les Président et Juges composant la Chambre des saisies immobilières du Tribunal civil de première instance du département de la Seine.

M............ (*remplir les nom, prénoms, qualités et demeure du saisissant*).

Ayant Mᵉ......... pour avoué :

Et M............ (remplir les nom, prénoms, qualités et demeure de la partie saisie),

Ayant Mᵉ.......... pour avoué :

Ont l'honneur de vous exposer :

Que, suivant procès-verbal de........., huissier à...........
..............., en date du........., visé conformément à la loi, et enregistré, M........ (*le saisissant*) a fait procéder sur le sieur................ (*la partie saisie*), à la saisie réelle de..... .... (*indiquer ici sommairement la nature et la situation de l'immeuble saisi*);

Que ce procès-verbal a été dénoncé au sieur............. (*la partie saisie*), suivant exploit de........, huissier à........., en date du.............., enregistré et visé conformément à la loi.

Que la saisie immobilière et ledit exploit ont été transcrits sur le

registre à ce destiné au bureau des hypothèques de............,
le..............., vol..........., n°....

Que toutes les parties sont d'accord de demander la conversion
de la saisie en vente aux enchères à l'audience des criées du Tribunal civil de la Seine;

Pourquoi les exposants requièrent qu'il vous plaise, Messieurs,

Ordonner que les poursuites de saisie immobilière commencées
par M.......... (*le saisissant*), seront, conformément à l'art. 743 du
Code de procédure civile, discontinuées et converties en vente aux
enchères, tous les effets de ladite saisie expressément réservés;

En conséquence, ordonner qu'aux requête, poursuite et diligence
du sieur.............. (*la partie saisie*), il sera procédé, à l'audience des criées du Tribunal civil de première instance de la Seine,
en présence de M............ (*le saisissant*), ou lui dûment appelé,
à la vente et adjudication, aux enchères de............ (*indiquer
l'immeuble saisi*), sur la mise à prix de..........., ou sur toute autre
qui sera fixée par le Tribunal, et ce, sur le cahier des charges qui
sera, à cet effet, dressé et déposé au greffe de ce tribunal, par M°...
.... (*l'avoué de la partie saisie*), avoué, affiches indicatives de
ladite vente préalablement apposées partout où besoin sera, et
après l'accomplissement de toutes les formalités voulues par la loi;

Ordonner que le cahier des charges sera déposé dans le délai d'un
mois du jour du jugement à intervenir;

Fixer, conformément à l'art. 746 du Code de procédure civile, le
jour auquel aura lieu l'adjudication dans un délai qui ne pourra
excéder trois mois, sinon, et faute par le poursuivant de ce faire,
subroger le sieur............ (*le saisissant*) dans lesdites poursuites
de vente; ordonner que l'avoué du poursuivant sera tenu de remettre à l'avoué de la partie subrogée tous titres et pièces, pour que ce
dernier puisse mettre ladite vente à fin, d'après les derniers errements de la procédure;

Ordonner la mention sommaire du jugement en marge de la transcription de la saisie ci-dessus datée;

Statuer sur les dépens, qui seront employés en frais privilégiés de poursuite de vente et de présence à icelle, et dont distraction sera faite au profit des avoués qui la requièrent ; et vous ferez justice.

Paris, ce..........

(Cette requête doit être signée par les avoués de toutes les parties. En cas de minorité, d'interdiction ou de faillite, énoncer avec soin les autorisations exigées par la loi, et conclure à l'expertise s'il y a lieu. Vérifier s'il n'existe pas quelque action résolutoire de nature à empêcher la conversion.)

PROJET DE DISPOSITIF.

Entre M........ *(remplir les nom, prénoms, qualités et demeure de la partie saisie)* ; ayant M° .... pour avoué ;

Et M......... *(remplir les nom, prénoms, qualités et demeure du saisissant)*, ayant M° .... pour avoué ;

Sur le rapport, fait à l'audience par M....., juge, de la requête présentée par les sieurs......... *(le saisissant et la partie saisie)*, dénommés, qualifiés et domiciliés en ladite requête, signée....., avoués, et dont la teneur suit : « A Messieurs........ etc. » ;

Le tribunal, vu la dite requête et les pièces produites à l'appui, après avoir entendu les avoués des parties, ouï M............., substitut de M. le procureur de la République, en ses conclusions, et après en avoir délibéré conformément à la loi, jugeant en premier ressort ;

Attendu que la demande des parties est conforme aux dispositions de l'art. 743 du Code de procédure civile, et que la saisie a été dénoncée et transcrite conformément à la loi ; que le tribunal a les éléments nécessaires pour fixer la mise à prix ;

Convertit en vente aux enchères les poursuites de saisie immobilière commencées à la requête du sieur......... *(le saisissant)*, suivant procès-verbal de............., huissier à......... en date du............., enregistré, tous les effets de la saisie expressément réservés ; *

6.

En conséquence, ordonne qu'aux requête, poursuite et diligence du sieur...... (*partie saisie*), en présence du sieur....... (*le saisissant*), ou lui dûment appelé, il sera, à l'audience des criées, procédé à la vente aux enchères de........ (*indiquer l'immeuble saisi*), sur la mise à prix de........, et le tout, sur le cahier des charges qui sera, à cet effet, déposé au greffe desdites criées par l'avoué du sieur .... (*la partie saisie*), et après l'accomplissement des formalités prescrites par la loi ;

Ordonne que le cahier des charges sera déposé dans le mois de ce jour ; fixe au.............. le jour où il sera procédé à l'adjudication ; sinon, et faute par le poursuivant d'avoir déposé le cahier des charges dans le mois, ou d'avoir fait procéder ledit jour à la dite adjudication, subroge dès à présent le sieur..... (*le saisissant*) dans ladite poursuite de vente, pour la mettre à fin d'après les derniers errements de la procédure ;

Ordonne qu'il sera fait mention sommaire du présent jugement en marge de la transcription de la saisie ci-dessus datée ;

Condamne le sieur........ (*la partie saisie*) aux dépens, y compris ceux de saisie immobilière, qu'il pourra, néanmoins, employer en frais de vente, et le sieur.......... (*le saisissant*) en frais de présence à ladite vente, desquels dépens distraction est faite aux avoués qui l'ont requise.

Fait et jugé à l'audience publique des saisies immobilières du...

(La subrogation ordonnée par le jugement ci-dessus ne pourra être invoquée que huitaine après une mise en demeure.)

CAHIER DE CHARGES

EN MATIÈRE DE VENTES JUDICIAIRES

Autres que celles sur saisie immobilière.

————⟨◇◆◇⟩————

CAHIER DES CHARGES *, CLAUSES ET CONDITIONS.

Auxquelles seront adjugés, à l'audience des criées du Tribunal civil de première instance du département de la Seine, séant au Palais de justice, à Paris, sur licitation, au plus offrant et dernier enchérisseur :

(Indiquer ici le nombre des lots, s'il y en a plusieurs.)

1° Une maison, etc.

(Indiquer les biens et leur situation.)

A la requête, poursuite et diligence de..... *(prénoms, nom, profession, demeure et qualités)*,

Ayant pour avoué Mᵉ...... *(nom et prénoms)*, demeurant à Paris, rue......;

En présence de... *(noms, prénoms, professions et demeures des colicitants)*, ayant pour avoué Mᵉ......, demeurant à Paris, rue....;

En EXÉCUTION d'un jugement rendu en la... Chambre du Tribunal civil de première instance du département de la Seine, le........ enregistré, signifié à avoué le.... et à domicile....., par exploit de....., huissier à....., enregistré** ;

Lequel jugement a ordonné..... *(copier le Dispositif.)*

(On ne doit rapporter dans l'extrait du jugement que les dispositions relatives à la vente.

---

* Ce projet de cahier des charges est fait pour une vente sur licitation.
Il sera facile de l'approprier aux autres espèces de ventes judiciaires.

** En matière de conversion, le jugement est rendu sur requête, et ne doit pas être signifié.
(*Code de procédure civile*, art. 746, promulgué le 3 juin 1841.)

S'il y a eu expertise ordonnée, énoncer en outre le jugement d'enté-rinement.)

DÉSIGNATION DES BIENS A VENDRE.

(Cette désignation doit être sommaire.

Dans le cas où il dépendrait de la propriété mise en vente des objets immeubles par destination, ils devront être indiqués dans la désignation générale.

Les objets mobiliers, glaces, etc., qui ne sont pas immeubles par des-tination, devront être énoncés dans un état estimatif, certifié par l'avoué poursuivant et annexé au cahier des charges.

Il est important d'énoncer les servitudes actives ou passives, et les droits de mitoyenneté.

S'il y a des biens à vendre en plusieurs lots, indiquer la composition des lots.

Indiquer au moins deux des tenants et aboutissants, et la contenance en mesures métriques.)

PROPRIÉTÉ.

(S'il y a plusieurs lots, et que les biens ne soient pas de même origine, diviser la propriété en propriété générale et propriété particulière.

Dans la première partie, énoncer les qualités des vendeurs, indiquer les actes qui établissent ces qualités.

Dans la seconde partie, énoncer avec soin :

1° Les transcriptions, sans entrer dans le détail des inscriptions ;

2° Les certificats du conservateur des hypothèques, par suite de l'ac-complissement des formalités de purge légale. (Analyser les formalités de la dernière purge légale seulement.)

3° Les quittances ou autres actes constatant la libération des diffé-rents propriétaires, sans entrer dans le détail des procès-verbaux d'ordres, en vertu desquels a lieu cette libération, ni dans les décomptes de créances contenues dans les quittances.

Faire remonter l'établissement de la propriété, autant qu'on le pourra, à trente ans au moins.

4° Signaler toutes actions résolutoires qui pourraient exister, et toutes clauses dites domaniales, qui résulteraient de titres se trouvant aux mains du poursuivant sans qu'il soit nécessaire de faire remonter l'éta-blissement de propriété jusqu'à l'époque où la clause domaniale a pris naissance.

5° Éviter d'énoncer les servitudes dans l'établissement de propriété.)

CONDITIONS DE LA VENTE.

(S'il y a plusieurs lots et que, soit pour les servitudes, soit pour les locations, soit pour tout autre cause, il y ait nécessité de faire des conditions particulières pour quelques lots, il serait convenable de diviser les conditions en générales et particulières.

Dans ce projet, on suppose qu'il n'existe qu'une propriété à vendre en un seul lot.)

ARTICLE PREMIER.

TRANSMISSION DE PROPRIÉTÉ.

L'adjudicataire sera propriétaire par le fait seul de l'adjudication. Il prendra les biens dans l'état où ils seront au jour de cette adjudication, sans pouvoir prétendre à aucune diminution de prix ni à aucune garantie et indemnité contre les vendeurs, pour surenchères, dégradations, réparations, curage de puits, de puisards ou de fosses d'aisances, erreurs dans la désignation, la consistance ou la contenance, ni à raison des droits de mitoyenneté ou de surcharges de murs séparant lesdits biens des propriétés voisines, alors même que ces droits seraient encore dus.

(S'il s'agit de la vente d'un immeuble clos de murs ou autrement, et que la contenance en soit indiquée, on ajoutera : et sans aucune garantie de mesure, lors même que la différence excéderait un vingtième.

S'il s'agit de terrains non clos ou de biens ruraux, il sera dit que les parties resteront dans les termes de l'article 1619 du Code Civil.

S'il y a des objets réclamés par des tiers ou par des locataires et fermiers, les indiquer.

Faire connaître les actes qui repoussent ou qui appuient ces réclamations.)

ARTICLE II.

SERVITUDES.

L'adjudicataire, soit qu'il y ait ou non déclaration, jouira des servitudes actives et souffrira les servitudes passives, occultes ou apparentes, ainsi que l'effet des clauses *dites domaniales*, sauf à faire valoir les unes et à se défendre des autres à ses risques, péril et fortune, sans aucun recours contre les vendeurs et sans que la présente clause puisse attribuer, soit aux adjudicataires, soit aux tiers, d'autres et plus amples droits que ceux résultant des titres ou de la loi.

(S'il y a des servitudes connues, transcrites ou non, et des clauses dites domaniales, les indiquer avec détail et énoncer les titres sur lesquels elles sont fondées.

Si l'on doit énoncer des mesures de superficie, avoir soin de convertir les mesures anciennes, données par d'anciens titres, en mesures nouvelles.)

ARTICLE III.

ENTRÉE EN JOUISSANCE.

L'adjudicataire, bien que propriétaire par le fait seul de l'adjudication, n'entrera néanmoins en jouissance, pour la perception des loyers qu'à partir du premier jour du terme qui suivra cette adjudication. Et, en cas de surenchère, à partir du jour du terme qui suivra l'adjudication définitive.

(S'il s'agit d'une ferme ou de biens ruraux affermés, la clause sera rédigée ainsi qu'il suit :)

Il entrera en jouissance des fermages par la perception de ceux représentatifs de la récolte de............., dont le premier terme sera exigible...... et, en cas de surenchère, par la perception des fermages représentatifs de la récolte postérieure à l'adjudication définitive.

(S'il s'agit d'une ferme ou de biens ruraux non affermés, et que la vente se fasse avant la récolte :)

L'adjudicataire entrera en jouissance à compter du jour de l'adjudication définitive ; mais il remboursera à qui de droit, indépendamment de son prix, et lors du payement de ce prix, les frais de labours, semences et culture, qui sont fixés à la somme de.....

(S'il s'agit de bois, et que la vente se fasse avant l'exploitation :)

Il n'entrera en jouissance, pour l'exploitation, que par celle de la coupe ordinaire de 18.., laquelle aura lieu dans l'hiver de 18.. à 18... et, en cas de surenchère, par celle de la coupe ordinaire de l'hiver qui suivra l'adjudication définitive.

Les clauses ci-dessus s'appliqueront à la surenchère faite par un créancier inscrit dans les termes des articles 2185 du Code Civil et 832 du Code de procédure civile, sauf aux vendeurs à se régler avec l'adjudicataire dépossédé en ce qui touche les fruits par lui perçus.

Dans le cas où l'adjudication sur surenchère serait tranchée au profit de l'adjudicataire primitif, l'entrée en jouissance et le point de départ des intérêts, resteront fixés au jour indiqué par la première adjudication.

(Il est, au surplus, impossible de prévoir tout ce qui est à stipuler sur l'entrée en jouissance, puisque la nature des biens, la saison dans laquelle se fait la vente, les usages locaux, et une foule de circonstances peuvent modifier ces stipulations.

On doit donc recommander cette clause aux soins des rédacteurs, afin qu'ils évitent l'obscurité et l'ambiguïté.)

ARTICLE IV

CONTRIBUTIONS, INTÉRÊTS.

L'adjudicataire supportera les contributions et charges de toute nature dont les biens sont ou seront grevés, à compter du jour fixé pour son entrée en jouissance des revenus.

(Si ce sont des biens ruraux, il faudra dire : à compter du premier janvier de..... *(l'année dont la récolte lui appartiendra.)*

Les intérêts du prix courront à raison de 5 pour 100 par année, sans aucune retenue, à compter de la même époque jusqu'au payement intégral dudit prix.

(Lorsqu'il s'agira de la vente d'une nue propriété, il faudra charger l'adjudicataire des intérêts à partir du jour de l'adjudication.)

ARTICLE V.

BAUX ET LOCATIONS.

L'adjudicataire sera tenu d'exécuter, pour le temps qui en restera à courir au moment de l'adjudication, les baux et locations qui seront ci-après énoncés.

Il tiendra compte, en sus et sans diminution de son prix, aux différents locataires des loyers qu'ils auraient payés d'avance, et qui auront été déclarés, soit dans le présent cahier des charges, soit dans un dire avant l'adjudication.

A défaut de déclaration, l'adjudicataire tiendra compte aux locataires des loyers qu'ils justifieront avoir régulièrement payés d'avance, et il en retiendra le montant sur le prix principal de son adjudication.

Ces clauses ne s'appliquent pas aux loyers qui seràient payables chaque terme par anticipation. La déclaration qui en serait faite, soit au cahier des charges, soit dans un dire, n'enlèvera pas à l'adjudicataire le droit de les toucher dès leur exigibilité ;

Toutefois, si les vendeurs venaient à encaisser tout ou partie, l'adjudicataire retiendrait somme égale sur le montant de son prix.

(Énoncer les baux et locations, leur date, leur durée, les noms des locataires, les prix et les principales conditions, la relation complète de l'enregistrement des baux, dire pour quelles périodes le droit d'enregistrement a été payé, faire connaître les loyers payés d'avance.

Si l'on énonce des locations non écrites, avoir soin d'indiquer les noms des locataires, le prix, la date et le lieu du paiement des droits d'enregistrement.

Dans le cas où les loyers ne pourraient être déclarés lors de la rédaction du cahier des charges, ils devront l'être dans un dire qui précédera l'adjudication.)

ARTICLE VI.

ASSURANCE CONTRE L'INCENDIE, ABONNEMENTS DIVERS, EAUX, GAZ, ETC.

L'adjudicatataire devra entretenir, à partir du jour de son entrée en jouissance et pour tout le temps qui en resterait à courir, toute police d'assurance contre l'incendie qui aurait pu être contractée. Il paiera, s'il y a lieu, à partir de la susdite entrée en jouissance, les primes et droits, de manière que les vendeurs ne puissent être aucunement poursuivis, inquiétés ni recherchés.

(Si le poursuivant a pu se procurer les renseignements qui prouvent l'existence d'une ou plusieurs assurances sur un ou plusieurs des immeubles mis en vente, on ajoutera à la suite de la clause qui précède :)

Le poursuivant déclare, à titre de renseignements et sans que sa déclaration puisse aucunement modifier la stipulation qui précède en ce qui touche les assurances restées inconnues, que l'immeuble sis...... est assuré contre l'incendie à la Compagnie connue sous la dénomination de.... dont le siège est à...., pour..... années à partir du..., moyennant une prime annuelle de..... le tout aux termes d'une police en date du...., dûment timbrée et enregistrée à...................

(On devra faire mentionner sur la police l'enregistrement qui doit avoir lieu gratis.

S'il y a des abonnements pour la couverture, la vidange, le balayage, les eaux, le gaz, les énoncer par un article spécial et en charger l'adjudicataire. Avoir soin de faire timbrer et enregistrer les polices et d'énoncer les mentions d'enregistrement.)

ARTICLE VII.

DROITS D'ENREGISTREMENT ET AUTRES.

L'adjudicataire sera tenu d'acquitter, en sus de son prix, tous les droits d'enregistrement, de greffe, et autres auxquels l'adjudication donnera lieu.

Les droits qui pourront être dus ou perçus à l'occasion des locations ne seront à la charge de l'adjudicataire que pour le temps postérieur à son entrée en jouissance, sauf son recours, s'il y a lieu, contre le locataire.

La portion des droits applicable au temps antérieur à son entrée en jouissance, dans le cas où ils auraient été avancés par l'adjudicataire, sera retenue par lui sur le prix principal de son adjudication.

ARTICLE VIII.

FRAIS DE POURSUITE.

L'adjudicataire payera, entre les mains et sur la quittance de l'avoué poursuivant, en sus de son prix, et dans les dix jours de son adjudication, la somme à laquelle auront été taxés les frais faits pour parvenir à la vente et à l'adjudication des biens ci-dessus désignés, et dont le montant sera déclaré sur le cahier des charges avant l'adjudication.

La grosse du jugement d'adjudication ne pourra être délivrée par le greffier du tribunal qu'après la remise qui lui aura été faite de la quittance desdits frais, laquelle demeurera annexée à la minute du jugement d'adjudication.

L'adjudicataire payera également, dans le même délai, entre les mains et sur la quittance de l'avoué poursuivant, et en sus du prix de l'adjudication, le montant de la remise proportionnelle fixée par la loi.

ARTICLE IX.

LEVÉE ET SIGNIFICATION DU JUGEMENT D'ADJUDICATION.

L'adjudicataire sera tenu de lever le jugement et de le faire signifier dans le mois de l'adjucation, à ses frais.

Faute par lui de satisfaire à cette condition dans le délai prescrit, les vendeurs pourront se faire délivrer la grosse du jugement d'adjudication, à ses frais, par le greffier du tribunal, trois jours après une sommation, sans être obligés de remplir les formalités prescrites par la loi pour parvenir à la délivrance d'une deuxième grosse.

(Dans le cas où la vente comprendrait des lots peu importants, on devra énoncer qu'il ne sera levé qu'une seule grosse;

Que cette grosse sera levée et les formalités remplies en commun pour tous les adjudicataires, par l'avoué de celui dont le prix ou les prix réunis s'élèveront à la somme la plus considérable, et que tous les frais seront supportés par les adjudicataires, au prorata de leurs prix respectifs.

Cette clause n'est point applicable aux lots qui seraient adjugés à des copropriétaires, à l'égard desquels il n'y a lieu ni à transcription ni à purge.)

ARTICLE X.

TRANSCRIPTION.

Dans les trente-cinq jours de son adjudication, l'adjudicataire sera tenu, sous peine de folle enchère, de faire transcrire à ses frais son jugement d'adjudication au bureau des hypothèques dans l'arrondissement duquel est situé l'immeuble mis en vente, et ce afin d'assurer aux vendeurs, par l'inscription d'office, le privilège prévu par l'article 2108 du Code Civl.

Dans les trois jours du dépôt de son jugement au bureau des hypothèques, l'adjudicataire sera tenu de notifier ce dépôt à ses frais, par acte d'avoué à avoué, aux vendeurs et aux parties présentes à la vente.

A défaut d'accomplissement de cette dernière formalité dans le délai ci-dessus fixé, les vendenrs et autres intéressés présents à la vente auront le droit de prendre, aux frais de l'adjudicataire, une inscription de privilège, si mieux ils n'aiment poursuivre la revente de l'immeuble dans les termes de l'article 18 ci-après.

La poursuite de folle enchère, commencée dans les termes des stipulations qui précèdent, ne pourra être arrêtée que par la justification de la conservation du privilège du vendeur.

Dans tous les cas, les frais de la conservation de ce privilége seront à la charge de l'adjudicataire.

ARTICLE XI.
FORMALITÉS EN CAS D'INSCRIPTIONS.

Si, sur la transcription, il survient des inscriptions du chef des vendeurs ou de leurs auteurs, l'adjudicataire devra en dénoncer l'état à l'avoué poursuivant, aux frais des vendeurs, par acte d'avoué à avoué, dans la quinzaine de la délivrance de cet état.

Les vendeurs auront, à compter de cette dénonciation, un délai de dix jours pour rapporter à l'adjudicataire le certificat de radiation de ces inscriptions.

Pendant ce délai, l'adjudicataire ne pourra faire aux créanciers les notifications prescrites par les articles 2183 et 2184 du Code Civil, à moins qu'il n'y soit contraint par les poursuites d'un créancier inscrit. Pendant ce même délai, il ne pourra non plus faire ni offres réelles, ni consignation, ni aucune diligence pour opérer sa libération.

ARTICLE XII.
PURGE LÉGALE.

L'adjudicataire aura un délai de quatre mois pour remplir, s'il le juge convenable, et à ses frais, les formalités nécessaires à l'effet de purger les hypothèques légales dont les biens pourraient être grevés.

Les vendeurs déclarent à cet effet, à titre de renseignement :

1°..... ...

(Déclarer si les vendeurs sont ou ont été mariés, ou tuteurs.
Indiquer les noms et demeures des femmes, subrogés-tuteurs, ou des mineurs devenus majeurs.)

ARTICLE XIII.

PAYEMENT DU PRIX.

Après l'expiration des délais pour purger les hypothèques de toute nature, soit que l'adjudicataire ait ou non rempli toutes les formalités, il sera tenu de payer son prix a Paris, ou dans le département de la Seine pour les immeubles situés hors Paris dans la limite de ce département, en principal et intérêts, aux vendeurs ou au créanciers inscrits, auxquels toute délégation est faite, sans pouvoir effectuer ce payement par anticipation.

Dans le cas où les vendeurs ou leurs créanciers ne seraient pas en mesure de recevoir le prix, l'adjudicataire aura la faculté de le conserver, à la charge de consigner tous les six mois, à partir de son entrée en jouissance, les intérêts échus de ce prix et de justifier de cette consignation à toute réquisition des vendeurs ou de l'un des créanciers inscrits.

(Lorsqu'il y aura lieu de faire des délégations de tout ou partie du prix, on indiquera avec soin les noms des créanciers auxquels les délégations seront faites, et les créances inscrites qui y donnent lieu. Dans le cas où des créances inscrites ne seraient pas exigibles, examiner s'il n'y aurait pas lieu d'indiquer les époques d'exigibilité et d'imposer à l'adjudicataire l'obligation de conserver tout ou partie de son prix jusqu'aux dites époques. Signaler les conditions des prêts qui auraient pu être faits par le Crédit foncier.)

ARTICLE XIV.

PROHIBITION DE DÉTÉRIORER L'IMMEUBLE VENDU.

Avant le payement intégral de son prix, l'adjudicataire ne pourra faire aucuns changements notables, aucunes démolitions (*coupes extraordinaires de bois*), ni commettre aucunes détériorations dans les biens, à peine d'être contraint immédiatement à la consignation de son prix, même par la voie de folle enchère.

Si les délais fixés par les articles 12 et 13 ci-dessus ne sont pas expirés, et que les vendeurs ne soient pas en état de recevoir le prix, l'adjudicataire devra les indemniser de la perte que cette consignation leur ferait éprouver jusqu'à l'expiration desdits délais, soit pour le temps pendant lequel la Caisse des consignations ne paie pas d'intérêts, soit pour la différence existante entre l'intéret à 5 p. °/₀ et celui servi par la Caisse des consignations.

ARTICLE XV.

REMISE DES TITRES.

Les vendeurs remettront à l'adjudicataire, lors du paiement du prix, les titres de propriété énoncés ci-après.

(Énoncer avec exactitude mais sommairement les titres de propriété qui devront être remis, ainsi que les pièces justificatives des qualités, lorsqu'il y aura lieu d'en fournir.)

A l'égard de tous autres titres que l'ajudicataire voudra se procurer, il est autorisé à s'en faire délivrer des expéditions ou extraits à ses frais par tous dépositaires.

ARTICLE XVI.

RÉCEPTION DES ENCHÈRES.

Les enchères ne seront reçues, conformément aux articles 705 et 964 du Code de procédure civile, que par le ministère d'avoués exerçant près le Tribunal civil de première instance du département de la Seine.

ARTICLE XVII.

DES COMMANDS ET DES COADJUDICATAIRES.

Dans le cas où l'adjudicataire userait de la faculté de déclarer command, ceux qu'il se sera substitués, en totalité, seront obligés solidairement avec lui au payement du prix et à l'accomplissement des charges de l'enchère.

Si la déclaration de command n'est que partielle, le privilège, l'action résolutoire, la folle enchère et les autres droits réels des vendeurs seront indivisibles; mais le command partiel ne sera personnellement tenu que jusqu'à concurrence du prix résultant de la déclaration.

Les coadjudicataires seront obligés solidairement au paiement du prix et à l'exécution des conditions de l'adjudication.

ARTICLE XVIII.

FOLLE ENCHÈRE.

A défaut par l'adjudicataire d'exécuter aucune des clauses et conditions de l'adjudication, de payer tout ou partie de son prix, ou de faire la consignation prescrite par l'article XIII ci-dessus, les vendeurs ou leurs créanciers inscrits pourront faire revendre les biens par folle enchère, dans les formes prescrites par les articles 733 et suivants du Code de procédure civile.

Si le prix de la nouvelle adjudication est inférieur à celui qui est dû alors en principal et intérêts sur le prix de la première, le fol enchérisseur sera contraint au paiement de la différence en principal et intérêts, par toutes les voies de droit conformément à l'article 740 du Code de procédure civile.

L'adjudicataire sur folle enchère devra dans tous les cas payer, à l'avoué qui aura poursuivi la vente, la totalité des frais et remise qui ne lui auraient pas été soldés par le fol enchérisseur.

Dans le cas où le prix principal de la seconde adjudication serait supérieur à celui de la première, la différence appartiendra aux vendeurs ou à leurs créanciers.

Dans aucun cas, le fol enchérisseur ne pourra répéter, soit contre le nouvel adjudicataire soit contre les vendeurs, auxquels ils demeureront acquis à titre de dommages-intérêts, les frais de poursuite de vente, ni ceux d'enregistrement, de greffe, de levée de grosse et de signification et ceux ordinaires de transcription et de purge légale qu'il aurait payés, et qui profiteront au nouvel adjudicataire, lequel n'aura en conséquence ni à les payer ni à tenir compte à personne.

Cette clause ne s'appliquera pas aux frais extraordinaires de transcription et de purge des hypothèques inscrites que l'avoué du fol enchérisseur pourra toujours, s'il en a fait l'avance, employer par préférence sur le prix conformément à l'article 774 du Code de procédure civile.

Le fol enchérisseur ne pourra également répéter contre les vendeurs ou leurs créanciers, auxquels ils demeureront acquis, les intérêts du prix dont la consignation aurait été effectuée en vertu de l'article XII qui précède.

L'adjudicataire sur folle enchère entrera en jouissance à partir du jour de l'adjudication faite à son profit, si l'immeuble n'est pas loué, et par la perception des loyers, si l'immeuble est loué en tout ou en partie, à partir du premier jour du terme en cours, au moment de ladite adjudication. Il devra les intérêts de son prix à partir du jour fixé pour son entrée en jouissance, le tout sauf le recours des vendeurs ou de leurs créanciers contre le fol enchérisseur pour les intérêts courus antérieurement.

Il devra, dans le mois de son adjudication, faire transcrire son jugement dans les termes de l'article X ci-desssus.

Les conditions ci-dessus sont applicables même au cohéritier ou copropriétaire adjudicataire.

Aux effets ci-dessus, les vendeurs et leurs créanciers inscrits auront le droit de se faire délivrer, dans les formes prescrites par l'article IX qui précède, et aux frais de l'adjudicataire fol enchéri, une grosse du jugement d'adjudication, sans préjudice de toutes autres voies d'exécution.

ARTICLE XIX.

ATTRIBUTION ET JURIDICTION.

Le Tribunal civil de première instance du département de la Seine sera seul compétent pour connaître de toutes contestations relatives à l'exécution des conditions de l'adjudication et à ses suites, quels que soient la nature desdites contestations et le lieu du domicile des parties intéressées.

ARTICLE XX.

ÉLECTION DE DOMICILE.

L'adjudicataire sera tenu d'élire domicile à Paris, pour l'exécution des charges et conditions de l'adjudication; sinon, et par le fait seul de l'adjudication, ce domicile sera élu de droit chez l'avoué qui se sera rendu adjudicataire.

Les vendeurs élisent domicile, savoir :

1° . . . .

2° . . . .

Les domiciles élus conserveront leur effet, quels que soient les changements qui pourraient survenir dans les qualités ou l'état des parties.

Dans le cas où l'une d'elles changerait de domicile élu, la nouvelle élection devra toujours être faite à Paris.

Les domiciles élus seront attributifs de juridiction, même pour le préliminaire de conciliation. Les actes d'exécution, ceux sur la folle enchère, les exploits d'offres réelles et d'appel, et tous autres, y seront valablement signifiés.

Les dispositions ci-dessus seront applicables aux héritiers, représentants, cessionnaires, et à tous autres ayants cause.

ARTICLE XXI ET DERNIER.

MISE A PRIX.

Outre les charges, clauses et conditions ci-dessus, les enchères seront reçues sur la mise à prix fixée par le jugement du. . . . .,
à la somme de. . . .

Fait et rédigé à Paris, le. . . .

par M°. . . . ., avoué poursuivant.

(NOTA. *Dans les dires énonçant l'accomplissement des formalités pour parvenir à l'adjudication, on aura soin d'énoncer la relation de l'enregistrement de tous actes et procès-verbaux d'huissiers, ainsi que des exemplaires légalisés justificatifs des insertions aux journaux judiciaires.*)

REQUÊTE

**Pour obtenir l'autorisation de faire des annonces extraordi-
naires dans le but d'augmenter la publicité de la vente.**

———◦◦✕◦◦———

*A Monsieur le Président du Tribunal de première instance du dépar-
tement de la Seine, séant au Palais de Justice, à Paris.*

u propriété, siso
»·············

M...............﹨....... *(noms et demeure du poursuivant)*, ayant
pour avoué M°........,

A l'honneur de vous exposer, Monsieur le Président, que, par
jugement rendu le............, par la ....
chambre du Tribunal, dûment enregistré, il a été ordonné qu'il
serait, à la requête, poursuite et diligence de l'exposant, procédé à

ise à prix.
»...............

la vente sur........................., d'une maison *(indiquer
l'immeuble et la mise à prix);*

Que le cahier des charges a été déposé au greffe du Tribunal, et
que l'adjudication est indiquée au.....

bre est d'avis qu'il
autoriser..........
sertions sommaires,
.........affiches à

Que, dans l'intérêt de la vente, il y a lieu de faire des annonces
extraordinaires par la voie des journaux;

Qu'il serait également utile que des affiches à la main fussent dis-
tribuées dans les études des avoués et notaires de Paris.

Pour quoi l'exposant requiert qu'il vous plaise, Monsieur le Président, l'autoriser à faire faire des insertions sommaires indiquant la
vente dont il s'agit, dans les journaux ci-après, savoir :

(Énoncer le nombre d'insertions requises.)

L'autoriser, en outre, à faire imprimer... *(le nombre)* affiches à la
main, tant pour remettre aux amateurs que pour faire distribuer
dans toutes les études des avoués et notaires de Paris;

Et vous ferez justice.

*(Cette requête devra être visée par la Chambre avant d'être présentée
à M. le Président.)*

Nous, Président du Tribunal,

Vu la présente requête et les pièces jointes ;
Vu les dispositious de la loi du 2 juin 1841 ;
Autorisons l'exposant à faire faire, par la voie des journaux.....
.... annonces sommaires, indicatives de la vente dont
il s'agit, savoir :
.... dans les *Anciennes Petites Affiches ;*
.... dans les *Affiches Parisiennes ;*
.... dans (*laisser en blanc l'indication des journaux*) ;
.... dans
Et à faire imprimer et distribuer..... affiches à la main.

Fait en notre cabinet, au Palais de Justice, à Paris, le

INSTRUCTION GÉNÉRALE
POUR
L'ACCOMPLISSEMENT DES FORMALITÉS
Dans les ventes judiciaires.

CAHIER DES CHARGES.

Les cahiers de charges devront être rédigés conformément aux
modèles qui précèdent, et dont un exemplaire sera conservé dans
chaque étude.

Il n'y sera inséré aucune clause qui dérogerait au droit commun.

Il n'y sera laissé aucun blanc ; les mots rayés et les renvois devront
être approuvés et paraphés.

Les cahiers d'enchères ne pourront être déposés au greffe sans
avoir été préalablement soumis, trois jours à l'avance, à l'examen

et au visa du Membre de la Chambre de service pour le mois lors courant.

Le Membre de la Chambre indiquera les rectifications nécessaires; il pourra se faire communiquer la procédure.

Le visa du Membre de la Chambre sera inscrit sur la grosse; il énoncera le nombre des rôles.

Dans les ventes sur conversion, le jour de la vente sera indiqué par le jugement qui aura admis la conversion.

Le dépôt du cahier des charges sera constaté par un acte dressé au greffe, lors duquel les rôles et les renvois seront paraphés, et le jour de l'adjudication indiqué.

Dans la quinzaine du dépôt du cahier d'enchères au greffe, il sera adressé à l'avoué poursuivant une note des rectifications et justifications qui n'auraient pu être faites lors du dépôt, et qui seraient nécessaires pour compléter la rédaction : ces rectifications ne devront, dans aucun cas, être faites dans le cahier des charges même, dont l'état matériel ne peut jamais être modifié après le dépôt; elles feront l'objet de dires consignés, à leur date, à la suite du cahier des charges.

En même temps que le cahier des charges, l'avoué poursuivant devra remettre au Membre de la Chambre la requête dont le modèle précède, et qui tendra à obtenir l'autorisation de M. le Président du Tribunal, tant por les annonces extraordinaires dans les journaux que pour les plans et les affiches à la main.

En matière de saisie, il y aura lieu par l'avoué poursuivant, en requérant l'état des inscriptions, de demander un état général séparé des transcriptions et mentions prescrites par l'article 4 de la loi du 23 mars 1855.

Pareil état sera levé en matière de licitation et de conversion, quinze jours au plus tard avant l'adjudication.

Ce deuxième état, dont le coût sera compris en taxe, devra être remis à l'adjudicataire lors du payement des frais.

Dans le cas où il résulterait des titres de propriété analysés dans l'enchère que les *servitudes actives*, profitant à la propriété mise en vente, n'auraient pas été transcrites dans les termes de la loi du

23 mars 1855, il sera bon de le faire connaître dans un dire avant l'adjudication, pour que l'adjudicataire puisse, s'il le juge convenable, accomplir cette formalité.

Tous dires de formalités, ou autres, qui seront consignés sur les cahiers d'enchères, devront, dans tous les cas, être préalablement soumis au visa du Membre de la Chambre de service.

En matière de saisie immobilière, tous changements apportés à la rédaction primitive du cahier d'enchères, et toutes additions ou rectifications qui seraient nécessaires, seront insérés dans un dire qui précédera de trois jours au moins la publication, l'insertion dans ce délai étant prescrite, à peine de déchéance et de nullité, par les articles 694 et 715 du Code de procédure.

Dans les autres ventes, l'art. 973 ne fixant pas, comme en matière de saisie, le délai pendant lequel devront être faits les dires de contestations, il est arrêté néanmoins, pour qu'ils puissent être visés et portés en temps utile à la connaissance du public, qu'ils devront être consignés sur le cahier des charges cinq jours au moins avant l'adjudication.

Ces dires devront être signés par tous les avoués en cause.

Dans le cas où l'un d'eux refuserait de les signer, le visa ne sera accordé qu'à la charge, par l'avoué qui en requiert l'insertion, d'en dénoncer immédiatement la transcription, de manière à faire statuer sur les difficultés à la première audience, et dans tous les cas avant l'adjudication.

Les simples dires de formalités seront remis et transcrits au greffe trois jours au moins avant les publication et adjudication. Ils seront préalablement soumis au Commissaire de la Chambre, avec les pièces justificatives.

Il sera fait un dire spécial pour déclarer le montant des frais que l'adjudicataire devra payer en sus de son prix.

Tous dires non visés par le Membre de la Chambre seront refusés au greffe.

Tous dires, quoique visés, pourront être refusés, s'ils ne sont remis au greffe, pour être transcrits, que postérieurement aux délais ci-dessus prescrits.

Le greffier sera spécialement chargé de transcrire les dires et de veiller à ce qu'il n'en soit consigné aucun après les délais fixés, et sans le visa du Membre de la Chambre.

AFFICHES.

Les placards ne devront contenir qu'une désignation sommaire des biens à vendre.

Les petites affiches dites *à la main* devront, comme les annonces extraordinaires, être autorisées par une ordonnance de M. le Président du Tribunal, rendue sur la requête qui lui aura été présentée à cet effet, après communication à la Chambre.

Les placards et petites affiches ne pourront indiquer, pour les renseignements à fournir, que les officiers publics, les administrateurs judiciaires, les régisseurs ou les fermiers et locataires.

Il n'y aura lieu à faire dresser et distribuer des plans que lorsque la division des lots, l'établissement des servitudes, ou l'intelligence des conditions de la vente les rendront nécessaires, et seulement après l'autorisation du Président du Tribunal, obtenue ainsi qu'il est dit ci-dessus.

Les placards extraordinaires, permis par l'article 700 du Code de procédure civile, pourront, suivant l'importance et la situation des immeubles à vendre, être allouées à la taxe dans les proportions suivantes :

Quand l'estimation ou la mise à prix des lots réunis d'immeubles situés à Paris n'excédera pas 50,000 francs, il pourra être alloué (indépendamment des affiches exigées par la loi) jusqu'à concurrence de trois cents placards pour l'adjudication ;

Quand la mise à prix ou l'estimation d'immeubles situés *dans Paris* sera de 50,000 francs et au-dessus, jusqu'à 100,000 francs, il pourra être alloué jusqu'à concurrence de quatre cents placards pour l'adjudication.

Si la mise à prix excède 100,000 francs, ou si les biens sont en tout ou en partie situés *hors Paris*, il pourra être alloué cent placards de plus, en sus des quantités ci-dessus fixées. Dans tous les cas et quelle que soit la mise à prix, la dimension des placards devra être restreinte de manière à ne pas augmenter les déboursés par des frais d'impression inutiles.

Il ne sera pas alloué d'affiches dites *à la main* dans les ventes dont la mise à prix ou l'estimation sera au-dessous de 3,000 francs.

Au-dessus de 3,000 francs il pourra être alloué quatre à cinq cents petites affiches, selon l'importance de l'affaire.

Huitaine au moins avant l'adjudication, l'avoué poursuivant devra remettre au greffier des exemplaires de chacun des placards, petites affiches ou plans qu'il aura fait apposer ou distribuer.

INSERTIONS.

L'insertion légale aura lieu dans le journal ou dans l'un des journaux désignés en exécution de l'article 696 du Code de procédure.

Indépendamment des insertions exigées par la loi, il sera fait, en vertu de l'autorisation de M. le Président du Tribunal, ainsi qu'il est dit au titre précédent, des insertions par extrait, dans divers journaux, pour assurer à la vente la publicité convenable; mais ces insertions devront n'indiquer que *très sommairement* la nature, la situation et le produit de l'immeuble à vendre, et la mise à prix.

Il ne pourra être fait *plus de huit* insertions sommaires, si la mise à prix ou l'estimation sont au-dessous de 30,000 francs.

De 30,000 francs à 100,000, il ne pourra être fait *plus de douze* insertions sommaires.

Au-dessus de 100,000 francs, il n'en pourra être fait *plus de vingt*.

Il pourra être alloué un nombre proportionnel d'insertions dans les journaux de département, selon l'importance et la situation des biens.

FIXATION DES FRAIS.

Tous frais relatifs aux ventes qui ont lieu à l'audience des criées seront soumis à l'examen et au visa de la Chambre avant d'être soumis à la taxe du juge.

A cet effet, le dossier devra être remis au secrétariat de la Chambre, pour les adjudications du mercredi et du jeudi, au plus tard le samedi avant quatre heures; et pour les adjudications du samedi, au plus tard le mardi avant quatre heures.

Passé ce délai, les dossiers seront refusés au secrétariat, et ne seront acceptés, par le Membre de service que sur l'autorisation écrite du Président de la Chambre.

Le dossier contiendra les pièces de procédure, la copie du cahier des charges, l'état de frais sur papier libre, et toutes pièces justificatives.

L'avoué poursuivant devra réunir les dossiers des avoués colicitants ou présents à la vente, et les remettre avec le sien.

Il devra, en outre, réunir en un seul état de frais sur papier timbré tous les mémoires des avoués parties de la vente.

Tous les états de frais seront additionnés et signés..

AUDIENCE DES CRIÉES.

Avant l'audience, tous les dires devront être signés sans aucuns blancs.

Les avoués devront se présenter en personne pour requérir les remises ou adjudications.

Dans tous les cas où les avoués intéressés à la vente, ou chargés d'enchérir, croiraient devoir exiger quelques explications sur une clause de l'enchère, les observations devront être préalablement communiquées au Membre de la Chambre de service.

Pour assurer l'exécution des dispositions qui précèdent, un Membre de la Chambre assistera à chaque audience des criées.

www.ingramcontent.com/pod-product-compliance
Lightning Source LLC
Chambersburg PA
CBHW071435200326

41520CB00014B/3698